Alain Le Saux

Papa m'a dit
que son meilleur ami était
un homme-grenouille

Rivages

© RIVAGES, 106, BOULEVARD SAINT-GERMAIN, 75006 PARIS / ISBN : 2-903059-30-6

Papa m'a dit
que lorsqu'il était jeune, il avait été
plongeur dans un restaurant.

Papa m'a dit
que maman dévorait un livre par jour.

Papa m'a dit
qu'il avait un livre épuisé
dans sa bibliothèque.

Papa m'a dit
qu'il possédait trois langues.

Papa m'a dit
qu'il adorait manger
des châteaux bien saignants.

Papa m'a dit
qu'il fallait toujours
couper les cartes avant de jouer.

Papa m'a dit
que je ne devais jamais le couper
quand il parlait.

Papa m'a dit que
dans la rue il était tombé
sur un copain.

Papa m'a dit
qu'il avait un copain
auquel il était très attaché.

Papa m'a dit
que le Père-Noël allait m'apporter
un cerf-volant.

Papa m'a dit
qu'il s'était acheté
des chaussures en crocodile.

Papa m'a dit
que pour aller en Espagne,
il fallait passer par
un col.

Papa m'a dit
que pour aller en Angleterre,
il fallait traverser
la Manche.

Papa m'a dit que
sa nouvelle voiture avait
cinq chevaux.

Papa m'a dit
que pour faire du cheval,
il fallait que je porte
une bombe.

Papa m'a dit ce matin
qu'il avait une fièvre de cheval.

Papa m'a dit
qu'il allait être cloué au lit
pour une semaine.

Maman m'a dit que
sous mon lit il y avait des moutons
parce que je ne balayais pas
ma chambre.

Papa m'a dit que
le chien et le chat étaient des animaux
domestiques très obéissants.

Papa m'a dit
qu'il était important
d'avoir un but dans la vie.

Papa m'a dit
qu'il n'aimait pas être dérangé quand
il lisait son canard.

Maman m'a dit que
papa avait un chat dans la gorge.

Maman m'a dit
que papa fumait trop.

Papa m'a dit
qu'en avion, il avait aperçu
un pigeon voyageur.

Papa m'a dit
qu'il avait vu une longue queue
en attendant l'autobus.

Papa m'a dit
que cette année il avait gagné
dix briques.

Papa m'a dit
qu'il devait souvent aller chercher
du liquide à la banque.

Papa m'a dit
qu'il détestait les bains de foule.

Papa m'a dit
qu'il était heureux comme
un poisson dans l'eau.

Totor et Lili chez les Moucheurs de nez

TEXTES ET DESSINS DE PHILIPPE CORENTIN ET ALAIN LE SAUX

Collection le Monde des Adultes/Volume 1/Editions Rivages

Papa m'a dit
que son meilleur
ami était un
homme-grenouille

par Alain Le Saux   Rivages

Maman m'a dit
que son amie Yvette
était vraiment
chouette

par Alain Le Saux   Rivages

Ma maîtresse a dit
qu'il fallait bien
posséder la langue
française

par Alain Le Saux   Rivages

C'est à quel sujet?

par Philippe Corentin   Rivages

Nom d'un chien

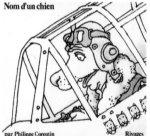

par Philippe Corentin   Rivages

Porc de pêche
et autres drôles
de bêtes
par Philippe
Corentin
Rivages

par Philippe Corentin   Rivages

Papa n'a pas le temps

par Philippe Corentin   Rivages

ENCYCLOPÉDIE DES GRANDES INVENTIONS MÉCONNUES

PAR ALAIN
LE SAUX
TOME 1
RIVAGES

Mon copain Max m'a dit
qu'il comptait sur son papa
pour faire ses devoirs
de mathématiques

par
Alain Le Saux   Rivages

INTERDIT/TOLERE

ALAIN LE SAUX   RIVAGES

Le prof m'a dit
que je devais absolument
repasser mes leçons

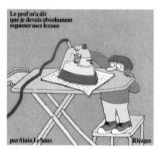

par Alain Le Saux   Rivages

papa ne veut pas

Alain Le Saux   Rivages

Drôles de nez

Rivages   Alain Le Saux

la maîtresse n'aime pas

Alain Le Saux   Rivages

ACHEVÉ D'IMPRIMER
EN MARS 2000
SUR LES PRESSES DE
L'IMPRIMERIE DARANTIERE
8, BD DE L'EUROPE - 21800 QUETIGNY
POUR LE COMPTE DES ÉDITIONS RIVAGES
106, BOULEVARD SAINT-GERMAIN - 75006 PARIS

DÉPÔT LÉGAL : JANVIER 1987
N° IMPRESSION : 20-0319